AF450441

PHAETON,

TRAGEDIE

REPRÉSENTÉE POUR LA PREMIERE FOIS
DEVANT LE ROY,
à Versailles le 6. Janvier 1683.

PAR L'ACADEMIE ROYALE
DE MUSIQUE;

Remise à Paris, en Janvier 1710. En Novembre 1721.
En l'Année 1730. le 21. de Decembre.
Et le 29. du même Mois, honorée de la présence
DU ROY.

DE L'IMPRIMERIE
De Jean-Baptiste-Christophe Ballard,
Seul Imprimeur du Roy, & de l'Académie Royale de Musique.

M. DCCXXX.
AVEC PRIVILEGE DU ROY.
LE PRIX EST DE XXX. SOLS.

CEtte Edition eſt conforme à celle de 1710. On a ſeulement ſubſtitué aux Noms des Acteurs & des Actrices, ceux de leurs Succeſſeurs en la preſente Année mil ſept cent trente.

ACTEURS ET ACTRICES
de tous les Chœurs du Prologue
& de la Tragedie.

CÔTE' DU ROY.		CÔTE' DE LA REINE.	
Meſdemoiſelles	*Meſſieurs*	*Meſdemoiſelles*	*Meſſieurs*
Dun.	Dun-Pere.	Antier-C.	Le Myre.
Duval-L.	Flamand.	La Roche.	Morand.
Dutillié.	S. Martin.	Tettelette.	Deſerre.
Duval-C.	Goujet.	Charlard.	Pinart.
Lavallée.	Jolly.	Petitpas.	Dautrep.
Jolly.	Deshais.	Marchand.	Corail.
Jullye.	Dubrieul.	Delorge.	Valentin.
	Buſeau.		Ducheſne.
	Dupleſſis.		Houbault.
	Combault.		

ACTEURS CHANTANTS
DU PROLOGUE.

ASTRE'E, *Déeſſe, Fille de* JUPITER *& de* THE'MIS, Mᶫᶫᵉ. Petitpas.

*Troupe de Compagnes d'*ASTRE'E.

SATURNE, *Dieu qui regnoit durant l'Age d'or,* Mʳ. Chaſſé.

*Troupes de Suivants d'*ASTRE'E *& de* SATURNE.

ACTEURS DANSANTS
DU PROLGUE.

SUITE D'ASTRE'E;

Mademoiſelle Feret;

Meſdemoiſelles Petit, Durocher, Thybert, Richalet, Rabon.

SUITE DE SATURNE;

Monſieur Malter-C.;
Meſſieurs Savar, Tabary, Dumay, Dupré, Matignon.

PROLOGUE

PROLOGUE.

LE RETOUR
DE L'AGE D'OR.

Le Théâtre repréſente les Jardins du Palais
de la Déeſſe A S T R E' E.

Cette Déeſſe paroît au milieu de ſes Compagnes,
qui tâchent de la divertir , par leurs Danſes,
& par leurs Chants.

LES COMPAGNES D'ASTRE'E.

Herchons la paix dans cet azile,
Les jeux ſuivront toûjours nos pas.
Quand on le veut , il eſt facile
De s'aſſurer un repos plein d'appas :
Mais les plaiſirs d'un ſort tranquille ,
Ne cherchent point qui ne les cherche pas.

b

PROLOGUE.
SECOND COUPLET.

N'ayons jamais rien d'inutile ;
Fuyons le bruit & l'embaras.
Quand on le veut, il eſt facile
De s'aſſurer un repos plein d'appas :
Mais les plaiſirs d'un ſort tranquile
Ne cherchent point qui ne les cherche pas.

ASTRE'E.

Dans cette paiſible Retraite ,
Tout rit , tout répond à mes vœux ;
Mais ma felicité ne peut être parfaite ,
Que le Ciel n'ait rendu tous les Mortels heureux.

Quoy que leur fureur inhumaine
De leur ſéjour ait oſé me bannir :
J'ay regret de les voir punir ;
Je n'ay quitté la terre qu'avec peine.
J'eſpere y voir encor le ſiecle fortuné ,
Qu'à l'univers naiſſant les Dieux avoient donné.
Le Sort veut que bien-tôt ce beau temps recommence.

La douceur de l'eſperance
Doit flatter nos deſirs :
Charmons nôtre impatience
Par d'innocents plaiſirs.

Les Compagnes d'Aſtrée danſent & chantent.

LES COMPAGNES D'ASTRE'E.

Dans ces lieux , tout rit sans cesse ;
L'Amour veut rire avec nous :
C'est un jeu quand il nous blesse ,
Nous ne sentons que ses traits les plus doux.

SECOND COUPLET.

Qu'il est doux d'aimer sans peines !
Quel plaisir d'aimer en paix !
L'amour fait icy des chaînes ,
Qui charment trop , pour les briser jamais.

SATURNE vient trouver ASTRE'E , pour l'inviter à retourner avec luy sur la terre : Ce Dieu a les mêmes Suivants qui l'accompagnoient au temps de l'Age d'or : Les uns dansent , les autres chantent ; & SATURNE même chante avec eux.

SATURNE & ses Suivants.

Que les Mortels se réjoüissent ;
Que les plaintes finissent.
O ! l'heureux Temps ,
Où tous les cœurs seront contents !

SATURNE.

Un Heros , qui merite une gloire immortelle ,
Au séjour des Humains aujourd'huy nous rappelle.
Le Siecle , qui du monde a fait les beaux jours ,
Doit , sous son regne heureux , recommencer son cours.

PROLOGUE.

Il calme l'univers, le Ciel le favorise ;
Son auguste sang s'éternise.
Il voit combler ses vœux par un Heros naissant :
Tout doit être sensible au plaisir qu'il ressent.

Les Muses vont luy faire entendre
Mille nouveaux concerts.
De sa grandeur il se plaît à descendre,
Il sçait mêler les jeux à cent travaux divers.
Rien ne peut nous troubler, la Discorde est aux fers.

L'Envie en vain frémit de voir les biens qu'il cause ;
Une heureuse paix est la loy
Que ce Vainqueur impose.
Son tonnere inspire l'effroy
Dans le temps même qu'il repose.

ASTRE'E.

Suivons ce Heros, suivez-nous,
Jeux innocents, rassemblez-vous,
Regnez dans une paix profonde :
Rappellez l'heureux temps de l'enfance du monde ;
Jeux innocents, rassemblez-vous,
Reprenez pour jamais vos charmes les plus doux.

La Suite de SATURNE & celle d'ASTRE'E chantent
& dansent ensemble.

CHOEUR.

Jeux innocents, rassemblez-vous,
Reprenez pour jamais vos charmes les plus doux.

Plaisirs, venez sans crainte,
Venez vous rassembler,
Le soin & la contrainte
Ne viendront plus vous troubler.
Le plus grand des Heros
Vous reçoit dans son Empire :
Que tout l'Univers admire
L'Auteur d'un si doux repos.

Il faut que tout fleurisse,
Mortels, vivez heureux.
La Paix & la Justice,
Vont regner avec les Jeux.
Le plus grand des Heros
Les reçoit dans son Empire :
Que tout l'Univers admire
L'Auteur d'un si doux repos.

SATURNE, ASTRE'E, & les CHOEURS.

On a vû ce Heros terrible dans la Guerre :
Il fait par sa vertu le bonheur de la Terre.
Sa victoire l'a désarmé :
Il fait son bonheur d'estre aimé.

FIN DU PROLOGUE.

ACTEURS CHANTANTS
DE LA TRAGEDIE.

LIBIE, *Fille de* MEROPS,
    Roy d'Egypte,   Mlle. Lemaure.

THEONE, *Fille de* PROTE'E,   Mlle. Antier.

PHAETON, *Fils* DU SOLEIL
    & *de* CLIMENE.   M^r. Tribou.

CLIMENE, *Fille de* L'OCEAN
    & *de* THETIS,   Mlle. Eermans.

PROTE'E, *Dieu Marin, Conducteur*
    des Troupeaux de NEPTUNE.   M^r. Dun.

TRITON, *Dieu Marin, Frere*
    de CLIMENE,   M^r. Cuvillier.

EPAPHUS, *Fils de* JUPITER & *d'*ISIS, M^r. Chassé.

MEROPS, *qui a épousé* CLIMENE,
    après la mort d'une premiere Epouse,
    dont il a eu LIBIE.   M^r. Dun.

LE SOLEIL,   M^r. Dumast.

UNE DES HEURES,   Mlle. Petitpas.

L'AUTOMNE,   M^r. Jolly.

UNE EGYPTIENNE,   Mlle. Dutillié.

LA DE'ESSE *de la Terre,*   M^r. Cuvillier.

JUPITER,   M^r. Goujet.

ACTEURS DANSANTS

DE LA TRAGEDIE.

PREMIER ACTE.

SUIVANTS DE PROTE'E, TRITONS;

Monſieur D-Dumoulin;

Meſſieurs Laval , Maltair-C.

Meſſieurs Dangeville , P-Dumoulin , F-Dumoulin, Maltair-L. , Savar , Tabary , Dumay , Dupré.

SECOND ACTE.

INDIENS ET INDIENNES;

Monſieur Dupré;

Meſſieurs Bontemps , Matignon , P-Dumoulin.

Meſdemoiſelles Thybert , Richalet , Lamartiniere.

ETIOPIENS ET ETIOPIENNES;

Meſſieurs Tabary , Dangeville , Savar.

Meſdemoiſelles Durocher , Feret , Petit.

TROISIE'ME ACTE.

ETIOPIENS ET ETIOPIENNES;

Messieurs Tabary , Dangeville , Savar,
P-Dumoulin , Matignon.
Mesd. Durocher , Feret, Petit , Thybert, Richalet.

D E M O N S;

Monsieur Dupré ;
Messieurs Dupré , Dumay , Maltair-L. , Hamoche.

QUATRIE'ME ACTE.

LES SAISONS;

Monsieur Laval ; Mademoiselle Richalet.

ZEPHIRE,	**FLORE,**
M^r. Matignon.	Mlle. Durocher.
VERTUMNE,	**CERE'S,**
Mr. Tabary.	Mlle. Petit.
BACCHUS,	**ARIANNE,**
M^r. Savar.	Mlle. Lamartiniere.
BORE'E,	**ORITIE,**
M^r. Bontemps.	Mlle. Rabon.

CINQUIE'ME ACTE.

TROUPE D'EGYPTIENS
& d'Egyptiennes ;

Mademoiselle Camargo ;
Messieurs Maltair-L. , Hamoche , P-Dumoulin,
Dangeville , Dupré , Dumay ;
Mesdemoiselles Durocher , Thybert , Feret,
Richalet , Lamartiniere , Petit.

PHAETON,

PHAETON,

TRAGEDIE.

ACTE PREMIER.

Le Theâtre repréſente un Jardin ſur le devant,
une Grotte dans le milieu , & la Mer dans
l'éloignement.

SCENE PREMIERE.

LIBIE.

H*Eureuſe une ame indifferente !*
Le tranquille bonheur dont j'étois ſi contente,
Ne me ſera-t-il point rendu !
Dans ces beaux lieux tout eſt paiſible ;
Helas ! que ne m'eſt-il poſſible,
D'y trouver le repos que mon cœur a perdu !

A

SCENE II.
THEONE, LIBIE.

THEONE.

JE ne vous croyois pas dans un lieu solitaire.
Une pompeuse Cour ne songe qu'à vous plaire,
    Et vous venez resver icy ?

LIBIE.
    Vous y venez resver aussi.

THEONE.

J'aime , c'est mon destin d'aimer toute ma vie.
Vôtre cœur fuit l'Amour , & croit s'en garentir :
    Il faut aimer pour ressentir
    Le charme de la resverie.

LIBIE.
Le Roy doit aujourd'huy me choisir un Epoux :
    Ay-je moins à resver que vous ?

THEONE.
M'est-il permis d'entrer dans vôtre confidence ?

LIBIE.
La sincere amitié doit bannir d'entre nous
    Le mistere & la défiance.

THEONE.

Pourquoy chercher des lieux où regne le silence ?
Est-il un spectacle plus doux ,
Que de voir mille Amants empressez, & jaloux
Dont vôtre hymen fait l'esperance !
Je commence à douter que vous les voyez tous ,
Avec la même indifference.

LIBIE.

Je suis Fille d'un Roy qui commande à des Roys :
Aprés luy, j'auray sous mes loix
Les païs où le Nil répand son eau feconde.
Un grand destin m'est préparé ;
Mais le permier Trône du monde
N'est pas contre l'Amour un azile assûré.

THEONE.

Le Fils de Jupiter vous aime.

LIBIE.

Je ne serois qu'à luy, si j'étois à moy-même.
Mon cœur s'est trop pressé de choisir un Vainqueur,
Et mon timide amour craint un devoir severe :
Que deviendray-je, ô Ciel ! si le choix de mon Pere
Ne suit pas le choix de mon cœur !

Vous ressentez l'amour, sans éprouver ses peines ;
Le Fils du Dieu brillant qui donne la clarté,
Tout fier qu'il est, porte vos chaînes :
Vous aimez Phaëton avec tranquillité.

T H E O N E.

Helas! un tendre cœur est toûjours agité.

La Mer est quelquefois dans une paix profonde;
On peut après l'orage, y joüir d'un beau jour:
Le calme regne plus dans l'empire de l'Onde,
*   Que dans l'empire de l'Amour.*

E N S E M B L E.

Ah! qu'il est difficile
De bien aimer,
Sans s'allarmer!
Ah! qu'il est difficile
Que l'amour soit tranquile.

T H E O N E.

Phaëton est pour moy peu sensible aujourd'huy.
Que je crains!..

L I B I E.

Je vous laisse éclaircir avec luy.

SCENE III.

PHAETON, THEONE.

THEONE.

*VOus passez sans me voir, craignez-vous ma
présence?*

PHAETON.

Je vous aime, Theone, & ce soupçon m'offense.

THEONE.

*Que ma vûë aujourd'huy vous cause d'embaras !
Avoüez qu'en ces lieux vous ne me cherchiez pas.*

PHAETON.

*Je cherchois la Reine ma Mere.
Ce soin pourroit-il vous déplaire ?
Devez-vous me le reprocher ?*

THEONE.

C'est toûjours ne me pas chercher.

*Je m'aperçoy sans cesse
Que quelque soin vous presse,
Et par malheur je m'aperçoy
Que ce soin n'est jamais pour moy.*

P H A E T O N.

Une autre amour, à vôtre espoir fatale,
N'a pas causé mes nouveaux soins :
Je n'aime point ailleurs, les Dieux m'en sont témoins.

T H E O N E.

Vous changez, cependant, ma peine est sans égale ;
Peut-être souffrirois-je moins,
Si je pouvois haïr une Rivale.

Protée, à qui je dois le jour,
Du plus sombre avenir perce la nuit obscure ;
Il m'a prédit cent fois le tourment que j'endure :
Vous ne me parlez plus ny d'hymen, ny d'amour,
De tant de vains serments vous perdez la memoire.

P H A E T O N.

Non, je vous aimeray toûjours.

T H E O N E.

Ingrat, le moyen de vous croire ?
Vos regards inquiets démentent vos discours,
Avec trop peu de soin vôtre froideur se cache :
Le bonheur de ma vie, à vôtre cœur s'attache,
Vous me laissez trop voir qu'il cherche à m'échaper ;
Ah ! du moins, Ingrat que vous êtes,
Puisque vous me voulez tromper,
Trompez-moy mieux que vous ne faites.

PHAETON.

Je ne sçay plus comment pouvoir calmer
Mille frayeurs qui viennent vous surprendre :
Mon cœur vous aime autant qu'il peut aimer ;
S'il n'est pas assez tendre,
C'est à l'Amour qu'il s'en faut prendre.

THEONE.

Quand vous commenciez d'être amant,
Vous me cherchiez avec empressement,
Vous ne me quittiez point sans une peine extrême,
Le souvenir fatal d'un amour si charmant
Ne sert qu'à faire mon tourment ;
Vous ne sçavez que trop, comme il faut que l'on aime :
Ah ! deviez-vous m'aimer si tendrement,
Si vous ne vouliez pas m'aimer toûjours de même ?

PHAETON.

La Reine tourne icy ses pas.

THEONE.

Suivez la Reine, allez, ne vous contraignez pas.

S C E N E   I V.

C L I M E N E , P H A E T O N.

C L I M E N E.

Vous paroissez chagrin, mon Fils, ne puis-je aprendre
D'où vient le trouble où je vous voy ?

P H A E T O N.

Le Roy va faire choix d'un gendre ;
L'Epoux de la Princesse un jour doit être Roy.
Le superbe Epaphus à cet honneur aspire.
Ah ! faudra-t-il le voir Maître de cet Empire ?
Faudra-t-il nous voir sous sa loy ?
Quelle honte pour vous ! quelle rage pour moy !

Le Roy fera tout pour vous plaire....

C L I M E N E.

Mais quel autre choix doit-il faire ?
Le Fils de Jupiter est-il à dédaigner ?

P H A E T O N.

Quoy ? vôtre Fils, le Fils du Dieu qui nous éclaire,
Est-il indigne de regner ?

CLIMENE.

CLIMENE.

Vôtre gloire, mon Fils, eſt mon unique envie.
Aprés l'amour du Dieu dont vous tenez la vie,
Juſqu'à l'hymen d'un Roy j'eûs peine à m'abaiſſer ;
Mais pour vous mettre au Trône, il falloit m'y placer.
Le Roy veut vous offrir ſa Fille & ſa Couronne.
　　Je ſçay que vous aimez Theone,
　　Et c'eſt cet amour que je crains.
Profitez du bonheur que je mets en vos mains,
　　Meritez la grandeur ſuprême.
Vaincre un amour charmant, eſt un effort extrême ;
Mais qui veut s'élever au deſſus des Humains,
　　Doit être maître de luy-même.
Il ne tiendra qu'à vous de regner en ces lieux.

PHAETON.

　　J'entends mon deſtin qui m'appelle,
Je brûle de monter dans un rang glorieux :
　　Si Theone me paroît belle,
La Couronne eſt encor plus charmante à mes yeux.

CLIMENE.

J'aime ces ſentiments d'une ame noble & fiere,
Ils ſont dignes du Fils du Dieu de la lumiere.

D'une amoureuſe ardeur un grand cœur peut brûler,
C'eſt un amuſement, qu'il faut qu'on luy pardonne ;
Mais il faut que l'Amour ſoit prêt à s'immoler,
　　Si-tôt que la Gloire l'ordonne.

B

Tout est favorable à mes vœux,
Et cependant ma joye est inquiete.
Mille présages malheureux
Troublent mon cœur d'une crainte secrete.

C'est icy que Protée amene les troupeaux
Du Dieu de l'empire des eaux.
Il se plaît sous ce frais ombrage.
L'avenir est pour luy sans ombre & sans nuage :
Je veux sur vôtre fort le contraindre à parler,
Empêchez qu'en ces lieux on me vienne troubler.

SCENE V.

PROTE'E sortant de la Mer, conduit les Troupeaux de NEPTUNE : Il est accompagné
d'une Troupe de Dieux marins.

PROTE'E, SUIVANTS DE PROTE'E.

PROTE'E.

HEureux, qui peut voir du rivage
Le terrible Ocean, par les vents agité !
Heureux, qui dans le Port peut plaindre en sûreté
Ceux qui font dans l'horreur d'un dangereux orage !
Plaignons les malheureux Amants,
Evitons leurs cruels tourments.

Gardons-nous de souffrir que l'Amour nous engage
Dans ses trompeurs enchantements :
Gardons nous des embarquements,
Où le repos du cœur fait un fatal naufrage.
Plaignons les malheureux Amants,
Evitons leurs cruels tourments.

Prenez soin, sur ces bords, des troupeaux de Neptune :
Je veux fuir du Soleil la chaleur importune.
Icy, l'ombre des Bois, le murmure des flots,
Tout invite à goûter la douceur du repos.

PROTE'E s'endort dans la Grotte : Ses Suivants s'écartent sur le rivage, pour prendre soin des troupeaux de NEPTUNE.

SCENE VI.

CLIMENE, PROTE'E endormy.

CLIMENE.

VOus, avec qui le sang me lie,
Triton, secondez mon envie ;
Donnez-moy le secours que vous m'avez promis :
Des decrets du Destin, Protée a connoissance,
Faites-luy rompre le silence,
Qu'il s'obstine à garder sur le sort de mon Fils.

CLIMENE se retire.

B ij

SCENE VII.

TRITON, SUIVANTS DE TRITON.
PROTE'E.

TRITON, fort de la Mer accompagné d'une troupe de Dieux Marins, dont une partie fait un Concert d'Inftruments, & l'autre partie danfe. Ils éveillent PROTE'E, & l'invitent à prendre part à leurs Divertiffements.

TRITON chante au milieu de fes Suivants.

TRITON.

Que Protée avec nous partage
La douceur de nos chants nouveaux.

C'eft de tous les Pafteurs, le Pafteur le plus fage.
Paiffez, heureux Troupeaux
Du Dieu des Eaux,
Paiffez en paix fur ce rivage.

Que Protée avec nous partage
La douceur de nos chants nouveaux.

Chantons fous cet ombrage :
Répondez-nous, charmants Oyfeaux :
Joignez à nos concerts vôtre plus doux ramage.

Que Protée avec nous partage
La douceur de nos chants nouveaux.

Les Suivants de TRITON continüent leurs Concerts d'Inftruments, & leurs Danfes.
TRITON y joint une Chanfon qu'il chante en
s'adreffant à PROTE'E.

TRITON.

Le plaifir eft neceffaire,
La Sageffe auftere
Peut empêcher d'y courir :
Mais le plus fevere
Ne refufe guere
Le plaifir qui vient s'offrir.

Les Suivants de TRITON environnent PROTE'E.
en danfant.

PROTE'E.

Vos jeux ont des appas ; je les quitte avec peine :
Mais mon Troupeau s'éloigne de ces lieux.

TRITON.

Du fort de Phaëton éclairciffez Climene ;
De grace, contentez fon defir curieux.

PROTE'E.

Ne me preffez point d'en trop dire.
Le Sort dans l'avenir permet que j'ofe lire ;
Mais, fous un filence difcret,
Le Sort veut qu'avec foin je garde fon fecret.

PROTE'E disparoît, & se transforme successive-
ment en Lion, en Arbre, en Monstre Marin, en
Fontaine & en Flâme. Mais sous ces formes
differentes, il est environné par les Suivants
de TRITON.

TRITON.

C'est un secret qu'il faut qu'on vous arrache.
Vous vous transformez vainement.
Nous vous suivrons avec empressement
Sous quelque forme qui vous cache.
Non, ne croyez pas nous tromper,
N'esperez pas nous échaper.
Non, de ces changements l'étonnant artifice
N'aura rien qui nous éblouïsse.
Non, ne croyez pas nous tromper;
N'esperez pas nous échaper.

SCENE VIII.

TRITON, CLIMENE, SUIVANTS DE TRITON, PROTE'E.

TRITON.

IL reviendra bien-tôt dans sa forme ordinaire.
Ma Sœur, venez l'entendre, il cede à nôtre effort :
Il va de vôtre Fils vous declarer le sort.

P R O T E' E, reprend enfin sa forme naturelle.

PROTE'E.

Puisque vous me forcez, il faut ne vous rien taire.

Le sort de Phaëton se découvre à mes yeux.
  Dieux ! je frémis ! que voy-je ! ô Dieux !
Tremblez pour vôtre Fils, ambitieuse Mere.

  Où vas-tu jeune Témeraire ?
Tu dois trouver la mort, dans la gloire où tu cours.
  Envain le Dieu qui nous éclaire,
En pâlissant pour toy, se declare ton Pere ;
  Il doit servir à terminer tes jours.
  Tu vas tomber, n'attends plus de secours.
  Le Ciel fait tonner sa colere.

Tremblez pour vôtre Fils, ambitieuse Mere.

PHAETON,

TRITON.

Quel Oracle !

CLIMENE.

Quelle terreur !

TRITON & CLIMENE.

Ah je me sens saisir d'horreur !

FIN DU PREMIER ACTE.

ACTE SECOND.

Le Theâtre change , & repréſente un Endroit
du Palais du Roy d'Egypte ; orné & préparé
pour une grande Cérémonie.

SCENE PREMIERE.

CLIMENE, PHAETON.

CLIMENE.

Rotée en a trop dit , je frémis du danger
Qu'il prévoit , & qu'il vous annonce.

PHAETON.

A l'hymen de ſa Fille , il me veut engager ,
Son intereſt a dicté ſa réponſe.

C

CLIMENE.

Je voy que j'ay trop entrepris.

PHAETON.

Quoy! ma grandeur n'est pas vôtre plus chere envie?

CLIMENE.

Il vous en coûteroit la vie :
Je ne veux point pour vous , de grandeur à ce prix.

PHAETON.

Protée a-t-il le droit suprême
De donner des Arrests , ou de vie , ou de mort ?
Est-ce à luy de regler mon sort ?
Un cœur comme le mien , fait son destin luy-même.

Croyez-en mon courage , il doit vous rassûrer.

CLIMENE.

Vous êtes digne de l'empire ;
Mais , si vôtre grand cœur me force à l'admirer,
C'est en tremblant que je l'admire.
Vivez, & bornez vos desirs
Aux tranquilles plaisirs
D'une amour mutuelle :
Aimez , contentez-vous
De regner sur un cœur fidelle,
Il n'est point d'empire plus doux.

PHAETON.

Vous m'en défavouriez, si je pouvois vous croire.

Je veux me faire un nom d'éternelle memoire,
J'ay déja trop languy dans un honteux repos :
La plus forte amour d'un Heros.
Doit être l'amour de la gloire.

CLIMENE.

Vous êtes menacé du céleste couroux,
Et j'entends la foudre qui gronde.

PHAETON.

Elevez vôtre Fils au premier rang du monde,
Laissez tonner les Dieux jaloux.

CLIMENE.

Une secrete voix, qui dans mon cœur murmure,
Me dit que le trépas au trône vous attend ;
Puis-je n'écoûter point la voix de la nature ?

PHAETON.

Le Fils du Dieu du jour doit être plus content
D'un trépas éclatant,
Que d'une vie obscure.

CLIMENE.

J'espere que l'amour pourra vous arrêter.
Theone vient, je me retire.

PHAETON.

Non, non, je ne puis vous quitter
Que vous ne m'assuriez du bonheur où j'aspire.

SCENE II.

THEONE.

IL me fuit, l'Inconstant, il m'ôte tout espoir :
O Ciel ! tant de froideur succede à tant de flâme ?
Ah ! que n'a-t'il toûjours évité de me voir !
Qu'il auroit épargné de tourments à mon ame !

Sur la foy des serments, dont il flatoit mes vœux,
Ĵ'esperois un destin heureux ;
Je croyois voir toûjours nos cœurs d'intelligence ;
Je m'assûrois que jamais l'inconstance
Ne briseroit de si beaux nœuds :
Ah ! qu'il est dangereux
De s'engager, sur la vaine assûrance
Des serments amoureux !

L'Infidele attendoit, pour éteindre ses feux,
Qu'il m'en eût fait sentir toute la violence.
Que le charme fatal d'une douce esperance
Expose un cœur credule à des maux rigoureux !
Ah ! qu'il est dangereux
De s'engager, sur la vaine assûrance
Des serments amoureux !

SCENE III.

LIBIE, THEONE.

LIBIE.

QVe l'incertitude
Est un rigoureux tourment !
Non, on n'a point, en aimant,
De peine plus rude
Que l'incertitude:
Je sens croître à tout moment
Mon inquietude
Que l'incertitude
Est un rigoureux tourment !

THEONE.

Que ma disgrace, helas ! n'est-elle encore douteuse !
Vous esperez de voir vos desirs satisfaits :
Vous pouvez être heureuse,
Et je ne la seray jamais.

Dans mes malheurs, que faut-il que j'espere !
J'aime un Ingrat, qui trahit nos amours :
Et je sens, malgré ma colere,
Que tout Ingrat qu'il est je l'aimeray toûjours.

LIBIE.

Mon sort étoit digne d'envie,
Avant que par l'Amour mon cœur fût tourmenté.

THEONE.

Nous ne sçavons le prix de nôtre liberté,
Qu'après qu'elle nous est ravie.

ENSEMBLE.

Amour, cruel vainqueur,
Ah ! pourquoy troublois-tu le repos de ma vie !
Amour, cruel vainqueur,
Ah ! pourquoy troublois-tu le repos de mon cœur !

LIBIE.

J'attens le choix du Roy.

THEONE.

Je vais cacher mes larmes.

LIBIE.

Mon cœur est agité de mortelles allarmes ;
Le Roy déja, peut-être, a nommé mon Epoux
Vous me laissez ?

THEONE.

Je laisse Epaphus avec vous.

SCENE IV.

EPAPHUS, LIBIE.

EPAPHUS.

Quel malheur !

LIBIE.

Dieux ! quel tristesse !

EPAPHUS.

Quel malheur ! quel supplice, helas !

LIBIE.

Que vous allarmez ma tendresse !

EPAPHUS.

Je vous pers, charmante Princesse,
Quel malheur ! quel supplice, helas !
De perdre un bien si plein d'appas.

C'eſt envain que pour moy vôtre cœur s'intereſſe :
Le Roy m'a prononcé l'Arreſt de mon trépas ;
Vôtre Epoux eſt choiſi, je ne le ſeray pas :
    Je vous pers, charmante Princeſſe,
    Quel malheur ! quel ſupplice, helas !
    De perdre un bien ſi plein d'appas !

    Se peut-il qu'une loy ſi dure
    Ne vous arrache aucun murmure ?
    Un doux eſpoir m'a-t'il trompé ?
    Belle Princeſſe, eſt-il poſſible
    Que vôtre cœur ſoit inſenſible,
    Au coup mortel qui m'a frappé ?

LIBIE.

    Vôtre douleur n'a point à craindre
De bleſſer du devoir les droits trop abſolus ;
Vôtre amour malheureux ſe plaint, ſans ſe contraindre;
    Mais l'amour, qui ſe plaint le plus,
    N'eſt pas toûjours le plus à plaindre.

EPAPHUS.

    Divinitez, dont j'ay reçû le jour,
Voyez mon deſeſpoir, & vengez mon amour.
Contre un Roy ſi cruel armez vôtre colere....

LIBIE.

Ah ! tout cruel qu'il eſt, ſongez qu'il eſt mon Pere :
N'attirez point ſur luy le celeſte couroux.

EPAPHUS.

Vous ne demandez point qui ſera vôtre Epoux ?

L I B I E.

Helas ! pour m'accabler , c'est assez de connoître
Que je ne seray pas à qui je voudrois être.

E P A P H U S.

Phaëton est choisi. . . .

L I B I E.

                              Trop rigoureuse loy !
Ah ! qu'il m'en coûtera de larmes !

E P A P H U S.

Que le bien qu'il m'ôte a de charmes !
Il n'en connoîtra pas le prix si bien que moy.

L I B I E.

Funeste choix !

E P A P H U S.

                    Douleur mortelle !

L I B I E.

Jour infortuné !

E P A P H U S.

                  Jour affreux !

E N S E M B L E.

O sort trop malheureux
D'un amour si fidelle !

E P A P H U S.

Vôtre cœur peut-il suivre une loy si cruelle ?

L I B I E.

Mon cœur tremble , soûpire , & se sent déchirer ;
Mais il doit obéir , en dût-il expirer.

                                        ENSEMBLE.

ENSEMBLE.

Faut-il que le devoir barbare
Pour jamais nous separe ?

EPAPHUS.

Je vous perdray dans un moment :
L'Amour, le tendre Amour gemira vainement ;
Vous l'abandonnerez.

LIBIE.

Que ne puis-je le suivre !

EPAPHUS.

Faut-il que ce que j'aime, à mon Rival se livre ?

LIBIE.

Plaignez-moy de souffrir un si cruel tourment.

EPAPHUS.

Vous vivrez pour un autre Amant,
Et sans vous je ne sçaurois vivre.

ENSEMBLE.

Que mon sort seroit doux,
Si je vivois pour vous !

EPAPHUS *se retire.*

✳✳✳✳✳✳✳✳✳✳ ✳✳✳✳✳✳✳✳✳✳✳✳ ✳✳✳✳✳✳✳✳✳✳✳✳

SCENE V.

LIBIE, MEROPS, CLIMENE, PHAETON,
Un Roy Ethyopien, Un Roy Indien, Troupe d'Egyptiens & d'Egyptiennes, Troupe d'Ethyopiens & d'Ethyo-
piennes, Troupe d'Indiens & d'Indiennes.

MEROPS.

ROys, qui pour Souverain devez me reconnoître:
Et vous, Peuples divers, dont les Dieux m'ont fait
  maître,
  Soyez attentifs à ma voix.
  Dans ma vielleſſe languiſſante,
Le Sceptre que je tiens peſe à ma main tremblante,
Je ne puis, ſans ſecours, en ſoûtenir le poids.
Pour le Fils du Soleil, mon choix ſe détermine:
  C'eſt Phaëton que je deſtine
A tenir, après moy, l'Egypte ſous ſes loix:
J'accorde à ce Heros ma Fille qu'il demande.
  Que de tous côtez on entende
Le nom de Phaëton retentir mille fois:
  Eſt-il pour nous une gloire plus grande?
Le ſang des Dieux s'unit au ſang des Roys.

CHOEUR.

  Que de tous côtez on entende
Le nom de Phaëton retentir mille fois:
  Eſt-il pour nous une gloire plus grande?
Le ſang des Dieux s'unit au ſang des Roys.

FIN DU SECOND ACTE.

ACTE TROISIE'ME.

Le Theâtre change , & repréfente
le Temple d'I s i s.

SCENE PREMIERE.

THEONE, PHAETON, SUIVANTS
DE PHAETON.

THEONE.

A H ! Phaëton , eft-il poffible
Que vous foyez fenfible
Pour une autre que moy ?
Ah ! Phaëton , eft-il poffible
Que vous m'ayez manqué de foy ?

Tout m'annonce un malheur dont je frémis d'effroy :
Si vous me trahiffez , ma mort eft infaillible ;

Nous devions vivre heureux, sous une même loy ;
Avec ce que l'on aime un sort doux & paisible
Vaut bien le sort du plus grand Roy.

Ah ! Phaëton, est-il possible
Que vous soyez sensible
Pour une autre que moy ?
Ah ! Phaëton, est-il possible
Que vous m'ayez manqué de foy ?

PHAETON.

Pour regir l'Univers, les Destins m'ont fait naître :
Si l'Amour m'en rendoit le maître,
Que mon bonheur seroit charmant !
Pour être heureux parfaitement,
Ce seroit avec vous que je le voudrois être.

THEONE.

L'hymen de la Princesse a pour vous des appas,
Vous l'aimez, vôtre cœur m'oublie.

PHAETON.

Non, la seule grandeur avec elle me lie,
Et l'Amour ne s'en mêle pas.

THEONE.

Quoy ! malgré ma douleur mortelle,
Au mépris de mes pleurs, vôtre cœur infidelle
Rompt des nœuds, qui devoient à jamais nous unir ?

La Couronne vous parût-elle
Cent fois encor plus belle,
Quel bien peut être doux, quand il faut l'obtenir
Par une trahison cruelle ?

PHAETON.
Aux loix de mon destin j'ay regret d'obéïr,
Je suis touché de vôtre peine.

THEONE.
Helas ! vous me plaignez, & vous m'allez trahir ;
Vous m'offrez une pitié vaine.

PHAETON.
Punissez-moy par vôtre haine.

THEONE.
Ay-je un cœur fait pour vous haïr ?

PHAETON.
Je suis indigne de vous plaire.
Je merite vôtre colere,
Je ne merite pas les pleurs que vous versez.

THEONE.
Perfide, il est donc vray que vous me trahissez ?
Témoin de ma constance,
Et de son changement :
Ciel, qui vois la cruelle offense
Que me fait ce parjure Amant,
O Ciel, j'implore ta vengeance.

Que la foy méprisée arme les justes Dieux :
Que l'Amour soit vengé , qu'il allume la foudre ;
Que ce superbe Ambitieux
Tombe avec sa grandeur , & soit reduit en poudre...

Que dis-je , Malheureuse ! helas !
Ce Perfide m'est cher encore ,
Et je mourrois de son trépas :
Justice du Ciel que j'implore ,
Dieux vengeurs , ne m'exaucez pas.

Vous voyez ma foiblesse extrême ,
Ingrat , vous triomphez de mon juste couroux.
Non , si je me venge de vous ,
Ce ne sera que sur moy-même.

<hr>

SCENE II.

PHAETON, & sa suite.

PHAETON.

SUivez-la , ma presence irrite ses douleurs.

Je plains ses malheurs ,
Je m'attendris par ses larmes ;
Ah ! que de beaux yeux en pleurs ,
Ont de puissants charmes !

Je n'avois jamais vû l'éclat du fort des Roys
Quand je m'engageay fous fes loix ;
Rien n'etoit, à mes yeux, fi beau qu'un amour tendre :
La grandeur m'appelle aujourd'huy,
L'Amour me parle en vain, je ne puis plus l'entendre ;
La fiere Ambition parle plus haut que luy.

L'Egypte adore Ifis ; la coûtume m'engage
A rendre un folemnel hommage
A fon divin pouvoir ;
Acquittons-nous de ce devoir.

SCENE III.

EPAPHUS, PHAETON, & fa Suite.

EPAPHUS.

SOngez-vous qu'Ifis eft ma Mere ?
Jufqu'au Temple où l'on la révere,
Venez-vous infulter à fon Fils malheureux ?

PHAETON.

Par nos offrandes, par nos vœux,
Nous allons calmer fa colere.

EPAPHUS.

Vôus m'ôtez un bien qui m'eft dû ;
Croyez-vous qu'à vos vœux le jufte Ciel réponde ?

PHAETON.

Peut-il à mes defirs avoir mieux répondu ?
Je deviens le Maître du monde.

PHAETON,

Quel sort est plus beau que le mien ?
Est-il une gloire plus grande ?
Non, que les Dieux ne m'ôtent rien,
C'est tout ce que je leur demande.

EPAPHUS.

Vôtre orgüeil pourroit s'abuser ;
Un Rival tel que moy n'est pas à mépriser.

PHAETON.

Tout suit mes desirs, tout me céde,
Que peut vôtre vain desespoir ?
Il ne sert qu'à me faire voir
Le prix du bien que je possede ;
Plus mon Rival est jaloux,
Et plus mon bonheur est doux.

EPAPHUS.

Craignez le Dieu, dont je tiens la naissance ;
Craignez son foudroyant couroux.

PHAETON.

Je me flatte de l'esperance,
Que tous les Dieux ne seront pas pour vous.

Mon Pere est le Dieu favorable,
Qui répand le jour en tous lieux :
Tout s'anime par luy ; sans luy, rien n'est aimable ;
Sans son divin éclat, une nuit effroyable
Couvriroit à jamais nos yeux.
Non, rien n'est comparable
Au destin glorieux,
Du plus brillant des Dieux.

EPAPHUS.

EPAPHUS.

Mon Pere est le Dieu redoutable
Qui regit la terre & les cieux :
Il peut , quand il luy plaît, d'un coup inévitable ,
Renverser les audacieux.
Non , rien n'est comparable ,
Au destin glorieux
Du plus puissant des Dieux.

ENSEMBLE.

Non , rien n'est comparable
Au destin glorieux.

PHAETON.
EPAPHUS. } *Du plus* { brillant / puissant } *des Dieux.*

EPAPHUS.

Jupiter pour son Fils m'a daigné reconnoître :
On peut douter encor qu'un Dieu vous ait fait naître.

PHAETON.

C'est le Soleil , vous le sçavez.

EPAPHUS.

Vôtre Mere le dit, est-ce assez pour le croire ?

PHAETON.

Osez-vous attaquer ma gloire ?

EPAPHUS.

Deffendez-là , si vous pouvez.

E

PHAETON,

PHAETON.

Vos yeux sont fermez par l'envie,
Malgré-vous, ils seront ouverts :
J'espere que le Dieu qui m'a donné la vie
M'avoüra pour son Fils aux yeux de l'Univers.

SCENE IV.

PHAETON, EPAPHUS, MEROPS,
CLIMENE, LIBIE, les deux Rois tribu-
taires de Merops. Troupes de Peuples differents.
Troupes de jeunes Egyptiens, & de jeunes Egyptiennes, qu'on a pris soin de choisir & de parer
magnifiquement, pour porter de riches Offrandes.
Troupes de Prestresses de la Déesse ISIS.

Les jeunes Egyptiens , & les jeunes Egyptiennes
qui portent les Offrandes , approchent
du Temple d'ISIS, en dansant.

MEROPS.

O Vous , pour qui l'Amour , du plus beau de ses
*   nœuds ,*
Sçût enchaîner le Dieu qui lance le tonnerre :
Isis , aimez toûjours ce séjour bienheureux.
Le Ciel y fit cesser vôtre sort rigoureux ,
Lorsque Junon , par tout , vous declaroit la guerre.
Approuvez nos desseins , favorisez nos vœux :
Etendez cet Empire aux deux bouts de la terre.

MEROPS ET CLIMENE.

Nous reverons
Vôtre puiſſance ;
Nous implorons
Vôtre aſſiſtance :
Iſis , nous eſperons en vous,
Iſis , exaucez-nous.

LE CHOEUR DES PEUPLES.

Nous reverons
Vôtre puiſſance ;
Nous implorons
Vôtre aſſiſtance :
Iſis, nous eſperons en vous,
Iſis , exaucez-nous.

LE CHOEUR DES PRESTRESSES.

Recevez, ô grande Déeſſe,
Les vœux qu'on vous adreſſe.

LE CHOEUR DES PEUPLES.

Nous reverons
Vôtre puiſſance ;
Nous implorons
Vôtre aſſiſtance :
Iſis , nous eſperons en vous,
Iſis , exaucez-nous.

E P A P H U S.

Vous qui servez Isis, avez-vous la foiblesse
D'être éblouis de la richesse
Des Offrandes qu'on vous fait voir ?
Et vous, Divinité, dont je tiens la naissance,
Consentez-vous à recevoir
Des dons de la main qui m'offense ?

On entend du bruit dans le Temple, & l'on en voit
les Portes se fermer d'elles-mêmes.

M E R O P S.

Dieu ! le Temple se ferme !

P H A E T O N.

Allons, il faut l'ouvrir.
Les Dieux veulent souvent, qu'on ose les contraindre,
A recevoir les vœux que l'on doit leur offrir.

C L I M E N E.

Ah ! mon Fils, arrêtez.

P H A E T O N.

Suivez-moy, sans rien craindre.

E P A P H U S.

Vengez-vous, ô ! puissante Isis,
Vengez-vous, vengez vôtre Fils.

S C E N E V.

Les Portes du Temple s'ouvrent , & ce lieu qui
avoit paru magnifique , n'eſt plus qu'un gouffre
effroyable qui vomit des flámes , & d'où ſortent
des Furies & des Fantômes terribles , qui ren-
verſent & briſent les Offrandes , & qui mena-
cent & écartent l'Aſſemblée. P H A E T O N
s'obſtine à demeurer , & C L I M E N E ne peut
quitter ſon Fils.

S C E N E VI.

CLIMENE, PHAETON.

C L I M E N E.

LE Ciel trouble vôtre bonheur;
Un peril mortel vous menace.

P H A E T O N.

L'Envie ose attaquer ma gloire, & vôtre honeur,
C'est l'unique peril, dont mon cœur s'embarasse.
Partagez un affront, dont le seul souvenir
Me fait rougir de honte, & fremir de colere,
　　　Epaphus ose soûtenir
Que le Soleil n'est pas mon Pere.

C L I M E N E.

O Dieux!

P H A E T O N.

　　　C'est de vous que j'attends
Des témoignages éclatants
De la grandeur de ma naissance.
Je sens qu'elle est divine, & j'ay dû m'en vanter;
Mais, c'est peu que mon cœur m'en donne l'assûrance,
Il faut forcer l'envie à n'en pouvoir douter.

Prenez-en soin, au nom du tendre amour de Mere,
Qui s'est, en ma faveur, signalé tant de fois ;
Au nom de ce qui peut vous plaire ;
Au nom du Dieu qui nous éclaire,
De ce Dieu, que l'Amour sçût ranger sous vos loix.

CLIMENE.

Mon Fils, n'en doutez point, vous confondrez
*   l'envie,*
C'est du Pere du jour que vous tenez la vie,
Vous pouvez vous vanter d'un sort si glorieux.
*   Vous êtes son Fils, je le jure,*
Par ce Dieu qui nous voit, qui nous entend des cieux,
*   Et par la splendeur vive & pure*
Dont il sçait obscurcir l'éclat des plus grands Dieux.
*   Si je soûtiens une imposture,*
Puisse-t-il, pour jamais, refuser à mes yeux
La lumiere qu'il donne à toute la nature.

Des Vents sortent d'un **Nuage**, & viennent prendre
PHAETON pour le conduire au Palais
du Soleil.

Ce Dieu semble approuver le serment que je fais :
*   Il y joindra son témoignage.*
C'est luy qui fait sortir ces vents de ce nuage,
*   Pour vous conduire à son Palais.*

PHAETON,

PHAETON.

Ma gloire éclatera de l'un à l'autre Pole ;
L'envieux Epaphus se verra démentir,
Je ne puis assez-tôt partir.

CLIMENE.

Allez, mon Fils, allez.

PHAETON.

Je vole.

Les Vents enlevent P H A E T O N, & le conduisent
au Palais du Soleil.

FIN DU TROISIE'ME ACTE.

ACTE IV.

ACTE QUATRIE'ME.

Le Theâtre change, & repréfente
le Palais du Soleil.

SCENE PREMIERE.

LE SOLEIL, LES HEURES DU JOUR, LE PRINTEMPS,
L'ETE', L'AUTOMNE, L'HYVER,
Suite des quatre Saifons.

LE CHŒUR DES HEURES.

Ans le Dieu qui nous éclaire,
Tout languit, rien ne peut plaire :
Chantons, ne ceffons jamais
De publier fes bienfaits.

F

UNE DES HEURES.

O Dieu de la clarté, vous reglez la mesure
Des Jours, des Saisons, & des Ans :
C'est vous qui produisez, dans les fertiles champs,
Les fruits, les fleurs, & la verdure :
Et toute la nature
N'est riche que de vos presens.

Le Chœur des HEURES, & le Chœur
des SAISONS.

Sans le Dieu qui nous éclaire
Tout languit, rien ne peut plaire :
Chantons, ne cessons jamais
De publier ses bienfaits.

L'AUTOMNE.

C'est par vous, ô Soleil que le Ciel s'illumine ;
Et sans vôtre Splendeur divine,
La terre n'auroit point de climats fortunez.
La nuit, l'horreur, & l'épouvante,
S'emparent du séjour que vous abandonnez :
Tout brille, tout rit, tout enchante,
Dans les lieux, où vous revenez.

Les Chœurs des HEURES & des SAISONS.

Sans le Dieu qui nous éclaire
Tout languit, rien ne peut plaire :
Chantons, ne cessons jamais
De publier ses bienfaits.

LE SOLEIL.

Redoublez la réjoüiffance,
Que vous me faites voir.
Phaëton vient icy, c'eft mon Fils, qui s'avance,
Prenez foin de le recevoir.

SCENE II.

LE SOLEIL, PHAETON, LES HEURES

DU JOUR, LES QUATRE SAISONS,

SUITE DES QUATRE SAISONS.

LE PRINTEMPS & fa Suite danfent; Les autres
SAISONS chantent avec les HEURES, pour
témoigner qu'ils fe réjoüiffent de l'arrivée du
Fils du Soleil, dans le Palais de fon Pere.

Une des HEURES, & les CHOEURS qui luy répondent.

Dans ce Palais,
Bravez l'envie;
Dans ce Palais,
Vivez en paix.
Soyez contents, tout vous y convie;
Goûtez toûjours les biens les plus parfaits,
L'honneur qui fuit une illuftre vie
Eft un bonheur qui ne finit jamais.

Ne tardez pas,
La Gloire est belle;
Ne tardez pas,
Suivez ses pas.
Vous la cherchez, sa voix vous appelle,
Vous êtes fait, pour aimer ses appas;
L'amour constant que l'on a pour elle,
Porte un grand nom au de-là du trépas.

LES CHOEURS.

Dans cette demeure charmante,
Venez joüir d'une gloire éclatante;
Jeune Heros, tout répond à vos vœux,
Venez joüir d'un fort heureux.

LE SOLEIL.

Approchez, Phaëton, que rien ne vous étonne;
J'adoucis en ces lieux, l'éclat qui m'environne.
Vous soûpirez? mon Fils, qui vous peut inspirer
Tant de trouble & tant de tristesse?
Le sang, qui pour vous m'interesse,
Vous permet de tout esperer.

PHAETON.

Ame de l'Univers, source vive & feconde
De tous les biens du monde,
Pere du jour, s'il m'est permis
D'oser vous appeller mon Pere,
Ne me refusez pas le secours que j'espere
Contre mes jaloux Ennemis.

Le reproche honteux d'une naissance obscure,
M'a fait une cruelle injure :
Au nom de l'amour paternel,
Imposez à l'Envie, un silence éternel.

LE SOLEIL.

L'Envie accuse à tort Climene.
Vous n'êtes point trompé, j'approuveray sans peine
Le grand nom que vous avez pris ;
Ma tendresse pour vous ne craint pas de paroître,
Phaëton, vous êtes mon Fils,
Et vous êtes digne de l'être.
Quel gage voulez-vous du sang qui vous fit naître ?
Quoique vous puissiez demander,
Je promets de vous l'accorder.

C'est toy que j'en atteste,
Fleuve noir, & funeste,
Que l'éternelle nuit doit cacher à mes yeux ;
J'en jure par l'horreur de tes eaux effroyables,
Styx, ô Styx ! dont le nom attesté par les Dieux
Rend leurs sermens inviolables.

Tous mes tresors vous sont ouverts,
Tout est permis à vôtre noble audace.

PHAETON.

Sur vôtre char, en vôtre place,
Permettez-moy d'éclairer l'Univers.

PHAETON,

LE SOLEIL.

Ah ! mon Fils, qu'osez-vous prétendre ?

PHAETON.

Si je suis vôtre Fils, puis-je trop entreprendre ?

LE SOLEIL.

Malgré mon sang, la loy du sort
Vous assujettit à la mort ;
Vos desirs vont plus loin, que la puissance humaine,
C'est trop pour un Mortel de tenter un effort,
Où les forces d'un Dieu ne suffisent qu'à peine.

PHAETON.

La mort ne m'étonne pas
Quand elle me paroît belle ;
Je suis content du trépas,
S'il rend ma gloire immortelle.

LE SOLEIL.

J'ay fait un indiscret serment.
Voyez mon triste cœur saisi d'étonnement ;
De l'amour paternel, faut-il un autre gage ?
Helas ! ma crainte en dit assez,
Un Dieu tremble pour vous, mon Fils, reconnoissez
Vôtre Pere à ce témoignage.

PHAETON.

Je doy, par un courage incapable d'effroy,
Meriter les frayeurs que vous avez pour moy.

LE SOLEIL.

Déja la nuit descend, & fait place à l'Aurore,
* Il faut bien-tôt faire briller mes feux.*
* Abandonnez un dessein dangereux,*
Evitez vôtre perte, il en est temps encore.

PHAETON.

Mon dessein sera beau dûssay-je y succomber.
* Quelle gloire si je l'acheve!*
Il est beau qu'un Mortel jusques aux Cieux s'é-
leve,
* Il est beau même d'en tomber.*

LE SOLEIL.

Puisque je l'ay juré, je dois vous satisfaire.
Fortune, s'il se peut, prend soin d'un Témeraire;
* Mon Fils veut se perdre aujourd'huy,*
* Conserve ses jours, malgré luy.*

L E S   C H OE U R S.

Allez répandre la lumiere.
Puiſſe un heureux deſtin
Vous conduire à la fin
De vôtre brillante carriere,
Allez répandre la lumiere.

FIN DU QUATRIE'ME ACTE.

ACTE V.

ACTE CINQUIE'ME.

Le Theâtre change, & repréſente une Campagne agréable ; la nuit ſe diſſipe inſenſiblement, & céde au jour qui commence à paroître ; PHAETON aſſis ſur le Char du SOLEIL, s'éleve ſur l'horiſon.

SCENE PREMIERE.

CLIMENE, un des deux Rois Tributaires de MEROPS.

CLIMENE.

ASſemblez-vous, Habitans de ces lieux.
  Le ſommeil qui ferme vos yeux
Vous retient trop long-temps dans une paix
  profonde :
  Mon Fils fait voir qu'il eſt du ſang des Dieux.
Sur le Char de ſon Pere, il brille dans les Cieux.
  Que vôtre zele me ſeconde,
Celebrez avec moy ſon deſtin glorieux.

G

Que l'on chante, que tout réponde,
C'eſt un Soleil nouveau,
Qui donne la lumiere au monde :
C'eſt un Soleil nouveau,
Qui donne un jour ſi beau.

CLIMENE,

Et le Roy tributaire de MEROPS.

C'eſt un Soleil nouveau,
Qui donne la lumiere au monde :
C'eſt un Soleil nouveau,
Qui donne un jour ſi beau.

CLIMENE tranſportée de joye, court de tous
côtez publier la gloire de ſon Fils, les Peuples
d'Egypte qui entendent ſa voix, s'empreſſent
à la ſuivre.

SCENE II.

EPAPHUS.

EPAPHUS.

DIeu qui vous declarez mon Pere,
Maître des Dieux, c'eſt en vous que j'eſpere :

M'abandonnerez-vous au defefpoir fatal
De voir triompher mon Rival ?
On fuit les tranfports de fa Mere ;
On me méprife, on le revere ;
Tout fert à fon bonheur, tout irrite mon mal.
Il obtient ce qui m'a fçû plaire,
Il monte au Ciel, il nous éclaire,
Il me voit accablé d'un tourment fans égal.
Dieu qui vous declarez mon Pere,
Maître des Dieux, c'eft en vous que j'efpere :
M'abandonnerez-vous au defefpoir fatal
De voir triompher mon Rival ?

SCENE III.

EPAPHUS, LIBIE.

LIBIE.

O Rigoureux martire
De n'ofer découvrir de mortelles douleurs !
Mon deftin paroît beau, tout le monde l'admire,
Cependant je foûpire,
Je pleure mes malheurs.

Du févere devoir le tirannique empire
Me contraint à cacher mes foûpirs & mes pleurs.
O rigoureux martire
De n'ofer découvrir de mortelles douleurs !

L I B I E *appercevant* E P A P H U S.

Dieux ! Epaphus !....

E P A P H U S.

                    Belle Princeffe !....

L I B I E.

N'augmentez pas le defordre où je fuis.

E P A P H U S.

Vous me fuyez ?

L I B I E.

                    Quelle foibleffe !

Je le devrois ; mais je ne puis.
Helas ! en nous voyant, nous redoublons nos peines.

E P A P H U S.

Que dans mes maux, il m'eft doux de vous voir !

L I B I E.

Je fuis à Phaëton par des loix fouveraines.

E P A P H U S.

Vous n'êtes pas encore en fon pouvoir.

Mon Pere est Souverain du Ciel & de la Terre,
Esperons au secours qu'il peut nous reserver.
Plus mon Rival s'empresse à s'élever,
Plus son orgueil l'approche du Tonnerre.

LIBIE.

Je n'ose plus songer qu'à suivre mon devoir,
L'esperance nous est ravie.

EPAPHUS.

Ah ! si vous m'ôtez tout espoir,
Vous m'ôterez la vie.
J'ose attendre du sort quelque heureux changement ;
L'amour doit esperer jusqu'au dernier moment.

LIBIE.

Nôtre disgrace est certaine,
Vous esperez vainement.

EPAPHUS.

L'esperance la plus vaine
Flatte un malheureux Amant.

ENSEMBLE.

Helas ! une chaîne si belle
Devoit être éternelle !
Helas ! de si tendres amours
Devoient durer toûjours !

SCENE IV.

MEROPS, CLIMENE, les deux Roys tribu-
taires de MEROPS. Troupes de divers Peuples.
Troupes de Pasteurs Egyptiens, & de Bergeres
Egyptiennes.

MEROPS & CLIMENE.

Que l'on chante, que tout réponde,
C'est un Soleil nouveau
Qui donne la lumiere au monde ;
C'est un Soleil nouveau
Qui donne un jour si beau.

LE CHOEUR.

Que l'on chante, que tout réponde,
C'est un Soleil nouveau
Qui donne la lumiere au monde ;
C'est un Soleil nouveau
Qui donne un jour si beau.

MEROPS & CLIMENE.

Jamais le celeste Flambeau
Ne sortit si brillant de l'Onde :
C'est un Soleil nouveau
Qui donne la lumiere au monde ;
C'est un Soleil nouveau
Qui donne un jour si beau.

LE CHOEUR.

Que l'on chante, que tout réponde,
C'eft un Soleil nouveau
Qui donne la lumiere au monde ;
C'eft un Soleil nouveau
Qui donne un jour fi beau.

On danfe.

UNE BERGERE EGYPTIENNE.

Ce beau jour ne permet qu'à l'Aurore
De s'occuper à répandre des pleurs.
Que d'éclat ! que de vives couleurs !
Mille fleurs vont éclorre ;
Tout charme nos cœurs ;
Il naîtra plus encore
D'Amours, que de fleurs.

L'Amour plaît, je confens qu'il m'enchante
Lorfqu'il fuivra les Ris & les Jeux :
Mais s'il me tourmente
Je rompray fes nœuds.
Un Amant qui toûjours foûpire
Doit allarmer.
Ce n'eft que pour rire
Qu'on doit former
Le deffein d'aimer.
Jeunes Cœurs qui cherchez à vous rendre,
N'aimez pas tant :
Un amour trop tendre
N'eft jamais content.

Puisqu'il faut qu'une chaîne nous lie ;
Ne faut-il pas choisir un nœud charmant ?
Mocquons-nous de souffrir constament ;
On doit rendre la vie
Plus douce en aimant :
Ce n'est qu'une folie
D'aimer son tourment.

L'Amour plaît, je consens qu'il m'enchante
Lorsqu'il suivra les Ris & les Jeux :
Mais s'il me tourmente
Je rompray ses nœuds.
Un Amant qui toûjours soûpire
Doit allarmer ;
Ce n'est que pour rire
Qu'on doit former
Le dessein d'aimer.
Jeunes Cœurs qui cherchez à vous rendre,
N'aimez pas tant :
Un amour trop tendre
N'est jamais content

SCENE V.

SCENE V.

THEONE, MEROPS, CLIMENE,
& les Acteurs de la Scene précédente.

THEONE.

CHangez ces doux concerts en des plaintes funebres.
L'inſtant fatal arrive où d'épaiſſes tenebres
Couvriront pour jamais le Soleil qui nous luit;
Phaëton va tomber dans l'éternelle nuit.
Mon Pere m'en aſſûre, & la pitié rappelle
Un trop fidel amour pour un Amant ſans foy:
Helas! je ne voy plus ſa trahiſon cruelle,
Son funeſte peril eſt tout ce que je voy.

CLIMENE.
Une effroyable flamme
Se répand dans les airs.

THEONE.
Que la crainte trouble mon ame!
Phaëton, tu te pers.
Tu vas embrâſer l'Univers.

LE CHOEUR.
Dieux! quel feu vient par tout s'étendre!
Dieux! tout va ſe reduire en cendre!
Quelle ardeur penetre en tous lieux!
Où fuyons-nous! ô juſtes Dieux!

H

SCENE VI

LA DE'ESSE DE LA TERRE, THEONE, MEROPS, CLIMENE, & les autres Acteurs de la Scene précédente.

LA DE'ESSE DE LA TERRE.

C'Est vôtre secours que j'implore,
Jupiter, sauvez-moy du feu qui me dévore.
Ay-je pû meriter un si cruel tourment ?
　　Ah ! s'il faut qu'un ambrâsement
　　A la fin me reduise en poudre!
Que je ne brûle au moins que du feu de la foudre:
　　Grand Dieu, ne me refusez pas
La gloire de perir d'un coup de vôtre bras.

Roy des Dieux, armez-vous, il n'est plus temps
　　d'attendre,
　　Tout l'Empire qui suit vos loix
Bien-tôt ne sera plus qu'un vain monceau de cendre.
Les Fleuves vont tarir ; les Villes, & les Bois,
Les Monts les plus glacez, tout s'embrâse à la fois,
　　Les Cieux ne peuvent s'en défendre....
　　Ah ! je sens suffoquer ma voix.
　　　Avec peine je respire,
　　　Au milieu de tant de feux.
　　　Il faut que je me retire
　　　Dans mes Antres les plus creux.

S C E N E   V I I.

PHAETON, MEROPS, CLIMENE,
LIBIE, THEONE, & les autres Acteurs
de la Scene précédente.

PHAETON paroît en defordre fur le Char du SOSEIL,
qu'il ne peut plus conduire.

LE CHOEUR.

O *Dieu qui lancez le Tonnerre,*
Hâtez-vous de fauver la Terre :
Nous brûlons, nous allons perir ;
Venez, ô Jupiter, venez nous fecourir.

SCENE DERNIERE.

JUPITER, PHAETON, MEROPS,
CLIMENE, LIBIE, THEONE,
& tous les autres Acteurs.

JUPITER.

A*U bien de l'Univers ta perte eft neceffaire :*
Sers d'exemple aux Audacieux :
Tombe avec ton orgüeil, trebuche, Témeraire,
Laiffe en paix la Terre & les Cieux.

JUPITER foudroye PHAETON, & le fait trebucher.

CLIMENE ET THEONE.

O fort fatal !

MEROPS, LIBIE ET LE CHOEUR.

O chûte affreufe !
O témerité malheureufe !

FIN DU CINQUIEME ET DERNIER ACTE.

PRIVILEGE DU ROY.

LOUIS par la grace de Dieu, Roy de France & de Navarre : A nos amez & feaux Conseillers, les Gens tenant nos Cours de Parlement, Maîtres des Requêtes ordinaires de nôtre Hôtel, Grand Conseil, Prevôt de Paris, Baillifs, Sénéchaux, leurs Lieutenans-Civils, & autres nos Justiciers qu'il appartiendra, Salut. Les Sieurs Besnier, Avocat en Parlement, Chomat, Duchesne, & de la Val de S. Pont, Bourgeois de nôtre bonne Ville de Paris ; Nous ont fait remontrer, qu'en consequence de l'Arrest de nôtre Conseil du 12. Decembre 1712. du Traité fait entr'eux & les Sieurs de Francine & Dumont, le 24. desdits Mois & An, & de nos Lettres Patentes du 8. Janvier ensuivante, confirmatives dudit Traité ; Ils auroient acquis le Privilege, de faire representer les Opera durant le temps de vingt années, à compter du 10. Aoust 1712. ainsi que le Privilege de la vente des Paroles desdits Opera, lesquelles ils desireroient faire imprimer pour les donner au Public, s'il Nous plaisoit leur accorder nos Lettres de Privilege sur ce necessaires : A CES CAUSES ; desirant favorablement traiter les Exposants, attendu les charges dont l'Academie Royale de Musique se trouve oberée, & les grandes dépenses qu'il convient de faire, tant pour l'Impression que pour la Gravûre en Taille-douce des Planches dont ce Livre sera orné ; Nous leur avons permis & permettons par ces Presentes, de faire imprimer & graver les Paroles & la Musique de tous lesdits Opera, qui ont été ou qui seront representez par l'Academie Royale de Musique, tant separément que conjointement, en telle forme, marge, caractere, nombre de Volumes & de fois que bon leur semblera, & de les vendre & debiter par tout nôtre Royaume pendant le temps de dix-neuf années consecutives, à compter du jour de la datte desdites Presentes. Faisons défenses à toutes personnes, de quelque qualité & condition qu'elles puissent être, d'en introduire d'impression étrangere, dans aucun lieu de nôtre obeïssance : Et à tous Imprimeurs, Libraires, Graveurs, & autres, d'imprimer, faire imprimer, vendre, faire vendre, débiter ny contrefaire lesdites Impressions, Planches & Figures, en tout ny en partie, sans la permission expresse & par écrit desdits Sieurs Exposans, ou de ceux qui auront droit d'eux, à peine de confiscation des Exemplaires contrefaits, de six mille livres d'amende contre chacun des Contrevenants, dont un tiers à Nous, un tiers à l'Hôtel-Dieu de Paris, l'autre tiers ausdits Sieurs Exposans, & de tous dépens, dommages & interests, à la charge que ces Presentes seront enregistrées tout au long sur le Registre de la Communauté des Imprimeurs & Libraires de Paris, & ce dans trois Mois de la datte d'icelles ; que la gravûre & impression desdits Opera sera faite dans nôtre Royaume & non ailleurs, en bon papier & en beaux caracteres, conformément aux Reglemens de la Librairie, & qu'avant de les exposer en vente, il en sera mis deux Exemplaires dans nôtre Bibliotheque publique, un dans celle de nôtre Château du Louvre, un autre dans celle de nôtre tres-cher & feal Chevalier Chancelier de France, le Sieur Phelypeaux, Comte de Pontchartrain, Commandeur de nos Ordres ; Le tout à peine de nullité des Presentes ; Du contenu desquelles vous mandons & enjoignons de faire joüir lesdits Sieurs Exposans, ou leurs Ayants-cause, pleinement & paisiblement, sans souffrir qu'il leur soit fait aucun trouble ou empeschement. Voulons que la Copie desdites Presentes, qui sera imprimée au commencement ou à la fin desdits Opera, soit tenuë pour dûëment signifiée ; & qu'aux Copies collationnées par l'un de nos amez & feaux Conseillers & Secretaires, foy soit ajoûtée comme à l'Original. Commandons au premier nôtre Huissier ou Sergent, de faire pour l'execution d'icelles tous Actes requis & necessaires, sans demander autre permission, & nonobstant Clameur de Haro, Charte Normande & Lettres à ce contraires. CAR tel est nôtre plaisir. DONNE' à Versailles le vingtiéme jour d'Aoust l'An de Grace mil sept cent treize, & de nôtre Regne le soixante-onziéme, Par le Roy en son Conseil. Signé BESNIER, avec paraphe, & scellé.

Registré sur le Registre N° III. de la Communauté des Libraires & Imprimeurs de Paris, *Page* 648 N°. 741. conformément aux Reglemens, & notamment à l'Arrest du 30. Aoust 1703. Fait à Paris ce 12. Septembre 1713. *Signé*, L. JOSSE, Syndic.

Par Traité passé, DE L'ORDRE DU ROY, *pardevant Notaires*, le 22. Novembre 1727. *entre l'Academie Royale de Musique*, & *le Sr.* BALLARD, *Seul Imprimeur du Roy*, &c. *Il est Cessionnaire de ladite Academie, pour ce qui regarde les Livres mentionnez au Privilege cy-dessus.*

www.ingramcontent.com/pod-product-compliance
Lightning Source LLC
LaVergne TN
LVHW022318170726
843503LV00006B/2571